ANSELM GRÜN

Leben – NICHT NUR AM WOCHENENDE

Taschenseminar zum Nachdenken und Weiterwachsen

Vier-Türme-Verlag

»Ora et labora«

Grundsatz des benediktinischen Lebens

Liebe Leserin, lieber Leser,

vielen Menschen wird die Arbeit immer mehr zu einer Last. Sie haben Angst, die Freude daran zu verlieren und unter dem Druck der Anforderungen zusammenzubrechen. Nur wenige Menschen werden sagen, dass sie in Ruhe ihrer Arbeit nachgehen können. Auch konkrete Probleme bei der Arbeit können belastend sein.

Das benediktinische »ora et labora« prägte die Arbeitsethik des christlichen Mittelalters. Von dieser Haltung könnten wir auch heute noch lernen. Natürlich sind die Voraussetzungen jetzt andere als zur Zeit Benedikts. Doch dass Gebet und Arbeit, Innehalten und Nach-außen-Gehen, Bewegung und Ruhe, Leben und Beruf miteinander in Einklang kommen sollen, ist auch in unserer Zeit ein wichtiges Anliegen. Heute spricht man von Work-Life-Balance. Benedikt meint, dass das Gebet die Quelle ist, aus der die Arbeit strömt. Und umgekehrt ist die Arbeit ein Test, ob unser Gebet echt ist, ob wir in unserem Gebet wirklich frei werden von unserem Ego, um uns auf Gott und auf die Arbeit einlassen zu können.

Doch was bedeutet »Gebet« für den modernen Menschen, der nicht unbedingt fromm ist? Es meint: Zeit zum Innehalten haben, Zeit, in der ich zur Ruhe komme, in der ich die Arbeit unterbreche, um ganz bei mir zu sein. Auch wenn die äußeren Verhältnisse nicht ideal sind, kann ich mich im Gebet immer wieder zurückziehen in den inneren Raum der

Stille. Dieser Raum der Stille hält mich nicht von der Arbeit ab, sondern befähigt mich, mitten in einer lärmenden und hektischen Atmosphäre die innere Ruhe zu bewahren. Wenn wir die Arbeit aus einer spirituellen Kraftquelle heraus vollziehen, dann wird unsere Arbeit zum Segen für uns und die Menschen, für und mit denen wir arbeiten.
Ich wünsche dir und hoffe, dass du, liebe Leserin und lieber Leser, auch für dich und deine Arbeit in diesem Buch Anregungen findest, die dir ganz konkret weiterhelfen.
Dazu möchte ich dir ein paar wichtige Fragen stellen, und wenn du magst, ist hier viel Platz, um sie für dich zu beantworten. Ich möchte dir auch ein paar Impulse mit auf den Weg geben – du kannst sie mit in deinen Tag nehmen oder sie als Aufhänger nutzen, um darüber mit einem anderen Menschen ins Gespräch zu kommen. Und schließlich würde ich mich freuen, wenn meine Anregungen und Fragen dazu führen, dass du einfach weiterdenkst und deine ganz eigenen Lösungen und Antworten findest, die genau auf dein Leben passen. Wenn du magst, kannst du auch diese hier eintragen. Dann kann dir das Buch vielleicht zu einem wichtigen Wegbegleiter werden, in das du immer wieder gerne hineinschaust, das du ergänzt und weiterschreibst, bis es ganz zu deinem Buch geworden ist.
Herzlichst, dein
P. Anselm Grün

»Ora et labora« gilt als die Grunddevise der Benediktiner. Das meint nicht nur eine äußere Verbindung und ein zeitlich ausgewogenes Maß an Gebet und Arbeit. Es geht vor allem um eine innere Verbindung. Wenn uns das innere Miteinander von Gebet und Arbeit gelingt, dann können wir »mit innerer Ruhe« arbeiten. Allerdings sind die heutigen Bedingungen nicht förderlich, das benediktinische »ora et labora« in unserer Arbeit zu leben. Deshalb geht es nicht nur um die persönlichen Voraussetzungen, wie wir Gebet und Arbeit miteinander verbinden können. Es geht auch um strukturelle Bedingungen, die diese Verbindung möglich machen.

Eine solche Haltung kann uns davor bewahren, uns von der Arbeit erdrücken zu lassen. Wir müssen aus den inneren Quellen schöpfen, um nicht erschöpft zu werden durch die täglichen Mühen. Daher ist mir das benediktinische »ora et labora« so wichtig. Denn darin wird deutlich, wie wichtig Spiritualität als Quelle für unsere Arbeit ist. Sie bringt uns in Berührung mit der inneren Quelle, die nie versiegt. Wenn wir aus dieser Quelle arbeiten, dann verwandelt das unsere Arbeit. Sie ist nicht mehr nur Last oder Pflicht, sondern wird auch zu einem Ausdruck unserer Spiritualität, zu einem Ausdruck der Liebe und Hingabe.

WER BIN ICH UND WER BIN ICH GEWORDEN? – DER BLICK NACH INNEN

Herkunft

Mir meine Herkunft bewusst zu machen, hilft mir, meine Stärken und Schwächen zu entdecken. Nur wenn ich um beides weiß – um Stärken und Schwächen –, kann ich beides nutzen, um in der Arbeit mein Potenzial zu entfalten.

Wenn die Herkunft nicht bearbeitet wird, wiederholen wir oft unbewusst die negativen Seiten der Eltern. Oder wir werden davon innerlich gelähmt. Wir finden nicht zu unserer Kraft. Ich schaue meine Verletzungen an. Und ich umarme mich mit all meinen Verletzungen. Dann spüre ich einen inneren Frieden in mir. Ich spüre, dass die Verletzungen mich auch dazu geführt haben, lebendig zu bleiben und mich auf den Weg der inneren Entwicklung zu machen.

Übung

Nimm dir Zeit, suche dir einen Ort, an dem du ungestört nachdenken kannst. Wenn du magst, nimm dieses Buch mit, um deine Gedanken zu notieren (siehe nächste Seite).

Wie war deine Kindheit für dich? Behütet? Einfach schön? Anstrengend? Schwierig?

Gibt es etwas, das du als Verletzung aus der Kindheit noch spürst? Was war es?

Wenn du an deine Eltern denkst, hast du manchmal das Gefühl: »Ich bin genau wie meine Mutter/wie mein Vater!« oder »Das läuft in meinem Leben genau wie bei meinen Eltern«. Löst das schöne Gefühle in dir aus? Oder findest du das eher schwierig?

Was würdest du als deine Stärken und was als deine Schwächen sehen?

Wenn du mit dem Bild etwas anfangen kannst, nimm dich einmal selbst fest in den Arm: Schling die Arme um dich und versuche dir vorzustellen, dass du dich hältst – mit all deinen Stärken und Schwächen.

Hier ist Platz für deine Gedanken:

Die Bibel schildert uns eine Szene, in der Jakob in einer Nacht mit einem Mann kämpft. Er ist ein Bild für unsere Schattenseiten. Jakob kann sie nicht länger verdrängen. Im Kampf muss sich Jakob dieser Seite stellen. Mitten im Gemenge bittet der Mann, Jakob solle ihn loslassen. Doch dieser erwidert den eigenartigen Satz: »Ich lasse dich nicht los, wenn du mich nicht segnest« (Genesis 32,27). Der andere segnet ihn tatsächlich und gibt ihm einen neuen Namen. Er soll nicht mehr Jakob (Betrüger) heißen, sondern Israel (Gottesstreiter).
Die beste Vorbereitung auf die Arbeit ist die ehrliche Begegnung mit sich selbst und das Anschauen dessen, was wir in uns an Schattenseiten wahrnehmen. Wenn wir uns damit aussöhnen, können wir gelassener, ehrlicher und realistischer mit anderen umgehen. Wir sehen sie dann nicht durch die getrübte Brille unserer verdrängten Schattenseiten, sondern so, wie sie sind. Wenn wir uns den eigenen Schattenseiten stellen, dann werden sie uns zum Segen. Wir gehen verwandelt unseren Weg. Und wir werden wie Israel zum Segen werden für viele.

Das Bild vom Kampf mit sich selbst, mit den eigenen Schattenseiten, ist sehr eindrücklich. Vielleicht ist es dir so noch nicht begegnet. Aber wenn du darüber nachdenkst: Welche »Schatten« würdest du in deinem anderen Ich sehen, das dir gegenübersteht? Wenn du magst, kannst du, was dir in den Kopf kommt, hier in den Schattenumriss eintragen.

Segnen heißt auf Latein »benedicere«, wörtlich übersetzt: Gutes sagen. Wie wäre das, wenn du dich von deinem Schatten »segnen« lassen würdest? Was könnte er dir Gutes sagen? Was könnte helfen, dass du deine Schattenseiten nicht mehr bekämpfst, sondern ihnen auch Gutes abgewinnen kannst, sie schätzen lernst?
Hier ist Platz für deine Gedanken:

Meine Lebensgeschichte

Oft hindern uns verletzende Erfahrungen aus der Kindheit daran, uns auf die Arbeit und auf die Menschen um uns herum angemessen einzulassen. In der Psychologie spricht man davon, dass jeder in sich ein göttliches Kind und ein verletztes Kind trägt. Es meldet sich immer dann zu Wort, wenn es auf ähnliche Weise verletzt wird. Das geschieht manchmal bei ganz harmlosen Worten oder Begegnungen. Wir reagieren auf einmal empfindlich, und unser Gegenüber weiß dann gar nicht, weshalb.

Wenn wir uns dem verletzten Kind in uns liebevoll zuwenden und es umarmen, wird es langsam leiser. Es meldet sich nicht mehr so laut zu Wort, sondern nur als empfindliche Regung. Es erinnert uns daran, dass da noch ein verletztes Kind in uns ist. Es macht uns sensibler für uns und unsere Mitmenschen.

Gab es Situationen, in denen du selbst überrascht warst, dass eine Bemerkung oder das Verhalten eines anderen dir so wehgetan haben? Wenn du darüber nachdenkst, berührte das eine Wunde, eine Narbe, die du dir auf deinem bisherigen Lebensweg zugezogen hast?

Wenn du das nächste Mal in einer solchen Situation bist, kannst du dir vielleicht vorstellen, innerlich dieses Verletzte in dir zu umarmen und damit auch einen Schutz zu bilden, damit die Wunde nicht wieder aufreißt. Manchmal hilft es, sich selbst dabei etwas zuzusprechen, zum Beispiel: »Das ist nicht persönlich gemeint« oder »Ich lasse das nicht an mich heran« oder »Ich habe eine Wunde, aber ich bin nicht meine Wunde«. Welcher Satz könnte dir helfen – vielleicht hast du eine ganz eigene Formulierung?

Doch es genügt nicht, das verletzte Kind zu umarmen. Wir sollen uns auch dem göttlichen Kind in uns zuwenden. Das göttliche Kind ist auf dem Grund unserer Seele und ist ein Bild für das einmalige Bild, das Gott sich von uns gemacht hat, für unser wahres Selbst und all die Fähigkeiten, die Gott uns geschenkt hat. Wenn wir mit dem göttlichen Kind in uns in Berührung sind, dann treffen uns die Verletzungen von außen nicht mehr, dann sind wir frei gegenüber den Erwartungen und Beurteilungen der anderen, dann sind wir ursprünglich und authentisch. Wir sind frei von allen fremden Bildern, die man uns im Lauf unseres Lebens übergestülpt hat, und frei von Vorwürfen an uns selbst. Das göttliche Kind bringt uns in Einklang mit uns selbst. Es schafft in uns Frieden, Freiheit, Weite und Lebendigkeit. Und es ist eine Quelle von Liebe in uns, die selbst dann nicht versiegt, wenn wir von außen nicht so viel Liebe erfahren.

Stell dir vor: Das göttliche Kind in dir ist die innerste Figur in diesem Bild. Das ist dein wahrer Kern – unverfälscht und ganz du selbst. Überlege einmal, was die anderen »Hüllen« sein könnten, die dich umgeben.

Welche Erwartungen spürst du – eigene und fremde?

Welche »fremden Bilder« verstellen dich?

Welche Vorwürfe machst du, machen andere dir?

Was ist es sonst noch, das dich verhüllt oder verstellt?

Die eigene Berufung entdecken

Martin Luther hat das lateinische Wort »vocatio« (Ruf Gottes) in das weltliche Tun hinein übersetzt. Er spricht vom Beruf des Menschen. Luther hat das Wort Beruf auch als Amt und Stand des Menschen in der Welt gesehen. Diese doppelte Bedeutung ist heute noch in der deutschen Sprache wirksam. Manche bezeichnen zwar mit Beruf nur die Erwerbstätigkeit. Doch es klingt darin noch etwas davon mit, dass ich zu meinem Beruf berufen bin. Häufig fällt es uns schwer, diese Berufung zu erkennen. Daher tut es uns gut, immer wieder in die Stille zu gehen. Wenn wir nach innen horchen und das Gefühl haben, dass ein Impuls in uns Lebendigkeit, Freiheit, Frieden und Liebe erzeugt, dann dürfen wir vertrauen, dass dieser Impuls von Gott kommt. Die andere Frage ist dann, wie wir diesen inneren Impuls konkret in unser Leben umsetzen, welchen Beruf wir wählen sollen. Der Beruf, den wir wählen, soll uns Freude machen. Wir sollen ihn gerne ergreifen. Er soll uns herauslocken und uns in die eigene Kraft führen. Und er soll für uns sinnvoll sein. Wir sollten das Gefühl haben, dass wir etwas Sinnvolles für uns und andere tun können.

Ist dein Beruf das, was du schon immer machen wolltest? Geht dir die Arbeit meistens mühelos von der Hand oder hast du sogar das Gefühl, dass es gar keine Arbeit, sondern Vergnügen ist? Dann hast du wahrscheinlich deine Berufung gefunden.
Wenn dir deine Arbeit dagegen mühevoll erscheint, du dich oft nur schwer überreden kannst, sie zu erledigen, oder du sogar eine zunehmende Abneigung spürst, nimmt dir Zeit und suche dir einen Ort, an dem du ungestört bist, um zu überlegen:

Was konntest du als Kind stundenlang tun oder spielen, ohne dass es dir langweilig wurde?

Bei was hast du als Kind die Zeit vergessen und warst ganz im Moment?

Gibt es das heute auch noch? Könnte dich das auf die Spur für einen neuen Job bringen?

Hier ist Platz für deine Antworten:

Wenn du ganz frei auswählen dürftest, mit was du deinen Tag verbringst oder dein Geld verdienst, was wäre das?

Was sind die Gründe, die dich daran hindern, genau das zu tun?

Was müsste sich ändern, was müsste passieren, dass es möglich wird?

Gibt es ungewöhnliche, unmöglich scheinende Ideen, wie die Hindernisse überwunden werden könnten? Dann schreib sie hier auf. Wenn man etwas »schwarz auf weiß« sieht, ist es schon ein Stück realer und wirkt vielleicht weiter ...

Die Realität hindert uns oft daran, unserer innersten Berufung zu folgen. Dann besteht die Kunst darin, die Arbeit, die mir einfach zugeteilt wurde oder die ich notgedrungen wählen musste, in Berufung zu verwandeln. Wie kann das gehen? Wenn ich ganz Ja sage zu dieser Arbeit, die ich mir vielleicht nicht ausgesucht habe, kann sie auch zu meiner Berufung werden. Ich kann meine Berufung dann darin sehen, das, was mir vorgegeben ist, gut und zuverlässig zu tun, Freude zu haben an dem, was ich tue. Dann verwandelt sich meine Arbeit. Sie ist nicht einfach nur noch Job. Ich erfülle sie mit meiner Liebe und Hingabe. Ich gestalte mit meiner Arbeit ein Stück dieser Welt und bringe durch die Art und Weise, wie ich arbeite, mehr Fröhlichkeit, Liebe und Güte in die Welt. Das sehe ich als meine Berufung: Das, was mir vorgegeben ist, in Hingabe, Liebe und Heiterkeit zu verwandeln.

Man kann es schrecklich finden, dass es im Winter so früh dunkel wird – oder sich freuen, dass man jetzt mehr Zeit drinnen hat, um zu lesen oder am Kamin zu sitzen. Man kann sich darüber ärgern, dass ein anderer Mensch so bestimmend ist und alles selbst erledigen will – oder sich freuen, dass man mal keine Verantwortung hat und sich ein bisschen zurücklehnen kann. Zugegeben: Das ist nicht immer möglich. Und niemand sagt, dass es einfach ist. Aber manchmal macht die »Brille«, durch die man eine Situation betrachtet, wirklich einen Unterschied, wie man in die gesamte Welt schaut und sich fühlt. Gerade dann, wenn die Dinge, um die es geht, nicht zu ändern sind.

Überlege einmal, wie diese »Brille« aussehen könnte, durch die du deine Arbeit betrachtest: Was könnte helfen, Ja zu sagen zu dem, was du tust? Was könnte helfen, deine Arbeit als sinnvoll und wichtig zu betrachten?

Hier ist Platz für deine Notizen:

Perfektionismus

Viele Menschen geraten heute in einen Burnout. Das hat unterschiedliche Ursachen. Eine davon ist Perfektionismus.

Jesus erzählt ein Gleichnis, mit dem er uns einladen möchte, uns von unserem Perfektionismus zu verabschieden: Ein Mann sät guten Samen auf seinen Acker. Doch nach einiger Zeit wird das Unkraut sichtbar, das neben dem Weizen wächst. Die Knechte fragen ihren Herrn, ob sie das Unkraut ausreißen sollen. Doch der antwortet: »Nein, sonst reißt ihr zusammen mit dem Unkraut auch den Weizen aus. Lasst beides wachsen bis zur Ernte« (Matthäus 3,29f).

Wenn ein Mensch um seinen eigenen Perfektionismus kreist, hat er immer Angst, dass die anderen auch seine unvollkommenen Seiten entdecken könnten. Diese Angst lähmt ihn. Er ist bei jeder Arbeit so fixiert, alles richtig zu machen, dass er kaum vorankommt, sie als anstrengend empfindet. Er hat dann oft nicht die Kraft, etwas Gutes zu schaffen. Wer sich dagegen auf die Arbeit einlässt, bei dem wächst etwas. Seine Arbeit macht ihm Spaß und sie ist fruchtbar für andere.

Manchmal ist nicht unser eigener Perfektionismus, sondern das Arbeitsklima das Problem. Hast du das Gefühl, dass du bei deiner Arbeit Fehler machen darfst? Und wenn ein solcher geschieht: Geht es dann eher darum, den Schuldigen auszumachen oder Lösungen zu finden?

Wenn dir Fehler unterlaufen wer ist dann dein größter Kritiker: deine Mitmenschen – oder du selbst?

Fällt es dir schwer, Dinge zu Ende zu bringen, abzugeben, weil du das Gefühl hast, es ist noch nicht gut genug, es fehlt immer noch etwas?

Kommt es vor, dass du Aufgaben gar nicht erst angehst, weil du Angst hast, etwas falsch zu machen?

Findest du es auch bei anderen schwierig, wenn ihnen Fehler passieren?
Wie reagierst du darauf?

Hier ist Platz für deine Notizen:

Benedikt verlangt von seinen Mönchen keinen Perfektionismus. Er weiß um ihre Schwächen. Er spricht von der Sorgfalt, mit der die Mönche ihre Arbeit verrichten und mit ihren Arbeitsgeräten umgehen. Der Perfektionismus wird gleichsam in Sorgfalt verwandelt: »Wer den Wochendienst beendet, soll am Samstag alles reinigen und die Tücher waschen, mit denen sich die Brüder Hände und Füße abtrocknen. Die Brüder, die den Wochendienst beginnen und die ihn beenden, sollen allen die Füße waschen. Die benutzten Geräte sollen dem Cellerar sauber und unbeschädigt zurückgegeben werden« (Regel Benedikts 35,7–10).

Der sorgfältige Umgang mit den Dingen also setzt gleichsam fort, was in der Fußwaschung geschieht: Ich diene den Brüdern, indem ich sorgfältig mit den Dingen umgehe. So achtsam ich ihre Füße berühre, so achtsam gehe ich mit dem Werkzeug und mit den Dingen der Schöpfung um. Wenn der Perfektionismus in Achtsamkeit und Sorgfalt verwandelt wird, dann wird er zu einer guten Quelle für unsere Arbeit.

Versuchungen

Bevor Jesus zum ersten Mal öffentlich auftritt – sozusagen mit seiner Arbeit beginnt –, wird er vom Satan versucht. Man könnte diese Versuchungen so verstehen, dass Jesus sich vor diesem Schritt seinen eigenen Schattenseiten stellen muss.

Zunächst sagt der Satan Jesus, er solle Steine in Brot verwandeln. Es ist die Versuchung, alles für uns selbst zu benutzen. Die Arbeit hat lediglich den Zweck, dass wir Vorteile haben. Sie dient uns dazu, dass wir möglichst viel Geld verdienen. Doch Jesus sagt: »Der Mensch lebt nicht vom Brot allein, sondern von jedem Wort, das aus Gottes Mund kommt« (Matthäus 4,4). Wir leben nicht nur von dem, was uns etwas bringt, sondern von dem, was uns wahrhaft nährt. Wir leben nicht allein für das Geld. Geld nährt nicht. Jesus spricht vom Wort Gottes, von dem wir leben. Das kann man auf unterschiedliche Weise auslegen. Es sind damit aber auch die Werte gemeint, die uns nähren, die uns Kraft schenken. Ohne Werte wird unsere Tätigkeit wertlos. Wir müssen uns also überlegen, welche Werte uns bei der Arbeit leiten.

Warst du schon mal »versucht«, einen Job anzunehmen bei dem du das Gefühl hattest, dass die Werte oder Ziele des Unternehmens, des Projektes mit deinen ethischen Normen und Werten nicht zu vereinbaren sind? Wie hast du dich dann entschieden und warum?

Welches »Brot« ist für dich bei der Arbeit auch noch wichtig, das heißt: Was muss der Job mehr als Geld bieten, damit du dich dort wohlfühlen kannst?

Was »nährt« dich? Wovon lebst du, was macht dich lebendig bei der Arbeit?

Die zweite Versuchung: Jesus soll vom Dach des Tempels springen. Er soll also ein Zauberstück vorführen. Er soll sich vor allen anderen profilieren. Manche wollen in ihrer Arbeit nur glänzen, sich über die anderen stellen. Dabei verlieren sie oft das rechte Maß. Sie schauen nur darauf, auf der Karriereleiter hochzuklettern, und machen durch besondere Aktionen auf sich aufmerksam, um nach oben zu kommen. Doch die Gefahr ist, dass sie jäh abstürzen.

Es geht nicht darum, auf die besonderen Fähigkeiten aufmerksam zu machen, sondern erst einmal die einfachen Aufgaben gut zu erfüllen. Es geht nicht darum, irgendeinen Zauber zu veranstalten, durch »Zaubern« auf mich aufmerksam zu machen. Mein Tun soll zum Segen werden für mich und für die Menschen, für die ich arbeite.

Die dritte Versuchung, von der in der Bibel die Rede ist, ist die zur Macht. Macht ist auch etwas Gutes. Wir sind mächtig, etwas zu gestalten. Wir können etwas bewirken und in Bewegung bringen. Doch viele üben Macht aus, um andere kleinzumachen. Das ist immer dann der Fall, wenn ich mit der Macht mein eigenes Minderwertigkeitsgefühl ausgleichen möchte.
Jeder Mensch übt Macht aus. Er kann mit seiner Arbeit etwas bewirken und schafft so ein Klima um sich herum. Das kann ein Klima sein, in dem sich alle wohlfühlen, aber auch eines der Angst, mit dem ich die anderen einschüchtern möchte. Dann unterliege ich der Versuchung der Macht. Ich übe sie aus, indem ich die anderen entwerte und sie von mir abhängig mache.

Eine beliebte Form, Macht auszuüben, ist, andere warten zu lassen. Damit macht man deutlich: Du bist nicht so wichtig. Du kommst erst dran, wenn alles Wichtigere erledigt ist. Kennst du andere Machtmechanismen und Machtdemonstrationen, die dir im Arbeitsleben schon begegnet sind oder unter denen du zu leiden hattest?

Hast du dich selbst schon einmal dabei ertappt, solche Machtspielchen zu spielen? Und wenn ja: Was oder wer war der Grund dafür?

Wo hast du Macht schon einmal als etwas Positives erlebt, als Ermächtigung oder Gestaltungsmacht – bei dir selbst und bei anderen?

Hast du Ideen, wie du Macht über andere in Gestaltungsmacht umwandeln könntest – beim Arbeiten, zu Hause, in der Gesellschaft?

HALTUNGEN

Ruhe finden

Viele Menschen leiden darunter, dass sie keine Ruhe finden können, weil ihr Tag so voller Pflichten und Aufgaben ist. Doch selbst wenn einmal Ruhe herrscht, können sie sie nicht genießen und wissen dann mit der stillen und freien Zeit nichts anzufangen.
Jesus hat solche Menschen angesprochen: »Kommt alle zu mir, die ihr euch plagt und schwere Lasten zu tragen habt. Ich werde euch Ruhe verschaffen« (Matthäus 11,28). Jesus spricht die an, die sich abmühen und sich selbst zur Leistung zwingen, die schwere Lasten tragen, sich überfordert fühlen. Er lädt sie ein, einfach auszuruhen, an nichts zu denken, aufzuatmen. Der Theologe Hubertus Halbfas hat das mit dem Bild des Brunnens erläutert. Wenn wir in den Brunnen unserer Seele steigen, dürfen wir vertrauen, dass wir dort das Wasser des Lebens finden. Dort können wir ausruhen. Dort gelangen die lärmenden Geräusche der Oberwelt nicht hin, weder die eigenen lärmenden Gedanken noch die Wünsche und Erwartungen anderer Menschen noch ihre Kritik oder ihre verletzenden Worte. Dort wird unsere Seele erfrischt und gestärkt.

Übung

Vielleicht gibt es in deiner Nähe einen Brunnen, eine Quelle oder einfach nur einen Fluss oder See, wo du dir ein ruhiges Plätzchen suchen kannst. Betrachte das Wasser, vielleicht hast du Lust, deine Hände, Arme oder Füße hineinzuhängen und zu spüren, wie das Wasser dich erfrischt.
Spüre einmal in dir nach, was dir auf dem Weg zum Boden des Brunnens begegnet oder was in der Stille laut wird, wenn du zur Ruhe kommen willst und keine Ruhe findest.

Was hörst du, was spürst du? Stimmen, die dich ermahnen? Gefühle, die schwer zu ertragen sind? Einsamkeit?

Übung

Stell dir nun weiter vor, du bist auf dem Boden des Brunnens angekommen, sozusagen in deinem Innersten, bei dem, was dich wirklich ausmacht. Was ist deine Quelle? Woraus schöpfst du deine Kraft?

Hast du das Gefühl, dass die Quelle strömt oder hat sie »Niedrigwasser«? Was könnte sie dann wieder zum Strömen bringen? Was würde dir Kraft und Energie schenken?

Hast du eine Idee, wie du es »regnen lassen« könntest, damit deine Quelle nicht versiegt? Was oder wer könnte das sein?

Übung

Zur Ruhe zu kommen, eine Haltung der Ruhe zu finden, ist oft einfacher gesagt als getan. Vielen fällt es schwer, sich still hinzusetzen, alles abzuschalten und einfach nur die Gedanken kommen zu lassen. Zu oft fährt der Kopf Karussell, und wir spüren dann nicht unbedingt Erleichterung, wenn wir auf einer Stelle sitzen »müssen«. Eine andere Möglichkeit, Ruhe zu finden, ist paradoxerweise die Bewegung. Beispielsweise hilft ein Spaziergang, eine Wanderung häufig, den Kopf frei zu haben und im Jetzt anzukommen. Es ist, als ob die frische Luft den Kopf durchgepustet hätte.

Andere gehen walken oder laufen, schwimmen oder klettern und kommen schnell bei sich an. Bewegung oder Sport kann wie eine Meditation sein und ist für viele angenehmer als das Stillsitzen.

Probier es doch einfach mal aus, was für dich am besten passt. Manchmal reicht schon ein kurzer Spaziergang, um bei sich selbst anzukommen und Kopf und Herz auf das Wesentliche zu konzentrieren. Wenn du magst, nimm einen Stift mit oder nutze dein Handy, um deine Gedanken als Sprachmemo aufzuzeichnen.

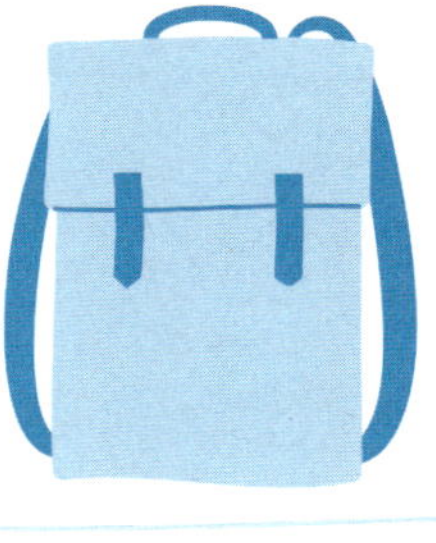

Vertrauen

Eine wesentliche Haltung, um gut zu arbeiten, ist das Vertrauen. Es gibt Menschen, die alles, was sie tun, kontrollieren müssen. In der Bibel finden wir das Thema im Gleichnis von den Talenten: Ein Mann vertraut sein Vermögen seinen drei Knechten an, bevor er auf Reisen geht. Jeder bekommt ein Talent, was damals sehr viel Geld war. Zwei der Knechte arbeiten damit, sie riskieren etwas und gewinnen jeweils den gleichen Betrag noch einmal hinzu. Der dritte Knecht vergräbt sein Talent. Er hat Angst, er könnte etwas von dem Geld verlieren. Doch sein Sicherheitsdenken führt nicht zum Erfolg. Im Gegenteil: Der Herr behandelt ihn nach seiner Rückkehr schonungslos. Wenn wir ängstlich arbeiten und darauf fixiert sind, was andere von uns denken und dass sie einen Fehler bei uns entdecken, dann wird unsere Arbeit keinen Segen bringen. Wir werden uns selbst vergraben. Wir sollen es wagen, aus Vertrauen zu arbeiten. Etwas zu tun, verlangt immer Vertrauen. Vertrauen kann ich nur, wenn ich mir eingestehe, dass ich auch verlieren kann. Wer nicht verlieren kann, wird auch nichts gewinnen.

Vertrauen ist eine Haltung, die nicht leicht einzuüben ist. Dabei geht es vielleicht weniger um die Angst, dass andere die eigenen Fehler entdecken, als vielmehr um die Angst vor dem, was passieren könnte, wenn man etwas loslässt, jemand anderem überlässt, es nicht kontrolliert. Jeder von uns kennt Situationen, in denen er sich wirklich fallen lassen kann, in denen er vertraut, ohne darüber nachzudenken. Zum Beispiel in den Armen der Menschen, die er liebt. Oder beim Schwimmen: Wir vertrauen darauf, dass das Wasser uns trägt.

In welchen Situationen, bei welchen Menschen kannst du dich fallen lassen, kannst du blind vertrauen, etwas tun, ohne zu überlegen?

Was ist es, das dich in diesen Momenten vertrauen lässt? Was haben diese Menschen, was ist es in der Situation, das dir dieses Vertrauen schenkt?

Was müsste passieren, dass du den Menschen, denen du bei der Arbeit begegnest, ebenfalls so vertrauen kannst? Was müsste sich dazu ändern – bei den anderen oder in deiner Haltung ihnen gegenüber?

Das gilt auch in Bezug auf Neues, das uns in unserem Leben begegnet – und das vielleicht unser Leben erst einmal auf den Kopf stellt. Zum Beispiel eine neue Arbeitsstelle. Viele spüren Angst vor allem Neuen. Wir sollten uns die Angst eingestehen. Das Gleichnis möchte uns auch Mut machen, die Angst wahrzunehmen, uns aber von ihr nicht bestimmen zu lassen, sondern über sie hinauszugehen, ins Vertrauen hinein. Je mehr wir uns aus der Angst ins Vertrauen wagen, desto stärker wird das Vertrauen werden und desto mehr Freude wird uns die Arbeit machen.

Das Vertrauen in Neues zu haben, fällt uns häufig schwer, weil wir nicht wissen, was das Neue bedeutet. Wir wünschen uns zwar, dass unser Leben dann besser und schöner wird, aber wir wissen es nicht. Wir haben es nicht in der Hand. Und das macht uns Angst. Da kann es helfen, sich diesen Ängsten zu stellen und sie einmal aufzuschreiben.

Was hält dich davon ab, etwas Neues, zum Beispiel eine neue Arbeitsstelle, in deinem Leben zu beginnen? Was macht dir Angst?

Wenn du deine Angst überwinden möchtest, kann es helfen, sich einmal vorzustellen, was denn das Schlimmste wäre, was passieren könnte, wenn du das Neue wagst. Du kannst es hier aufschreiben.

Wenn du dir diesen »Worst Case« ansiehst: Ist es wirklich so schlimm, was passieren könnte? Vielleicht überlegst du auch, was dann die Lösung für das Problem sein könnte. Oder wie die Situation von vornherein abzuwenden wäre.

Tipps

Viele Menschen wagen auch deshalb nichts Neues, weil ihnen einfach die Erfahrung damit fehlt. Sie leben seit so vielen Jahren, seit einer so langen Zeit unter den »alten« Umständen, dass sie sozusagen verlernt haben, wie es geht, etwas anders oder neu zu machen. Da kann es helfen, im Kleinen anzufangen.

- **Nimm einmal nicht den gewohnten Weg** von der Arbeit nach Hause oder zum Bäcker oder zum Einkaufen. Geh einen Umweg, entdecke Straßen, in denen du noch nicht oder lange nicht mehr gewesen bist.
- **Probier bei nächster Gelegenheit** wieder mal ein neues Restaurant oder eine neue Kneipe aus. Geh in ein Geschäft, das du noch nicht kennst (selbst wenn du dort nichts kaufen möchtest), lies einen Reiseführer über deine eigene Stadt und entdecke Dinge, die du noch nicht kennst.
- **Probier in deiner Freizeit etwas Neues aus**, ohne dass du dich gleich verpflichtest, dabeizubleiben: einen Schnupperkurs Klettern oder Bouldern, einen Tanz-, Koch- oder Malkurs; versuche, eine neue Sprache oder einen neuen Sport zu lernen.
- **Trau dich etwas,** vor dem du dich (ein bisschen) fürchtest: vom Dreimeterbrett springen, eine Spinne einfangen und nach draußen bringen, allein übers Wochenende wegfahren, über eine Hängebrücke gehen …

Sinn in der Arbeit finden

Eine wesentliche Voraussetzung, dass wir in unserem Beruf gut und gerne arbeiten, ist die Sinnhaftigkeit unserer Arbeit. Dabei geht es nicht nur darum, in unserer konkreten Tätigkeit einen Sinn zu erkennen, sondern allgemein die Arbeit als sinnvoll zu erleben.

Im Schöpfungsbericht (Genesis 1,1–2,4) heißt es: »Gott sah alles an, was er gemacht hatte. Und es war sehr schön.« Das ist die Würde der Arbeit, dass der Mensch das Leben schöner machen kann, sich an dem erfreut, was er geschaffen hat. Und dann heißt es: »Am siebten Tag vollendete Gott das Werk, das er geschaffen hatte, und er ruhte am siebten Tag, nachdem er sein ganzes Werk vollbracht hatte« (Genesis 2,2). Das Ausruhen gehört also auch zur Arbeit. Das ist eine wichtige Botschaft für uns heute. Viele Menschen können das, was sie gearbeitet und geschaffen haben, nicht genießen. Unsere Arbeit kommt aber erst zur Vollendung, wenn wir wie Gott ausruhen vom Werk unserer Hände und wenn wir auf das schauen können, was wir getan haben. Im Reflektieren haben wir das Gefühl, dass es sich gelohnt hat, zu arbeiten.

Im Deutschen gibt es das schöne Wort »Feierabend«. Darin steckt, dass man am Abend das feiert, was man am Tag erschaffen, erledigt, geschafft hat (natürlich gilt das auch für Nachtschichten, dann müsste es vielleicht »Feiermorgen« heißen). Das setzt aber voraus, dass es eine deutliche Zäsur gibt zwischen Arbeit und Freizeit und dass man diese auch bewusst setzt – was in der heutigen Zeit mit Homeoffice und mobilem Arbeiten zu jeder Zeit häufig schwierig ist.

Nachweislich tut es aber gut, diese Räume und auch die Tätigkeiten voneinander abzugrenzen. Nur so wird das Leben nicht zur Arbeit und die Arbeit nicht zum Leben. Ein kleines Ritual kann dabei helfen, in den Feierabend zu finden und sich auch zu gönnen, mit Wohlwollen und Freude auf den Tag zurückzuschauen.

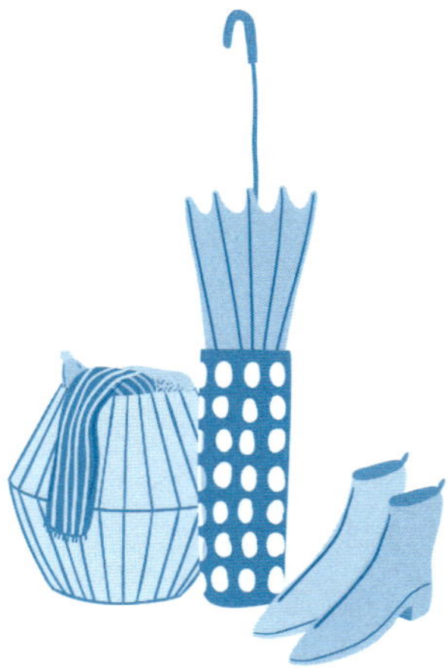

Übung

Bevor du deine Arbeit für einen Tag beendest, nimm dir einen Augenblick Zeit, um auf einem Zettel oder in einem Notizbuch aufzuschreiben, was du an diesem Tag geschafft hast. Das müssen keine Aufsätze sein, nur ein paar Stichworte. Dann überkreuze deine Arme vor der Brust und schließe für einen Moment deine Augen. Sei einfach froh und stolz auf das, was du erledigt und erreicht oder auch kreativ geschaffen hast. Danke dir selbst dafür, dass du jeden Tag deine Aufgaben übernimmst und erledigst, und verzeih dir, wenn es der Tag nicht so gut mit dir gemeint hat und du nicht geschafft hast, was du dir vorgenommen hast. Dann verneige dich kurz und öffne die Augen.
Vielleicht kannst du spüren, dass diese Übung es dir leichter macht, die Arbeit loszulassen und mit freiem Kopf in deine Freizeit zu gehen.

Notiz

Nächstenliebe

Viele sind der Meinung, in der Arbeitswelt sei kein Raum für Nächstenliebe. Da gehe es um Leistung und Erfolg, um Konkurrenzkampf und Rivalität. Doch für mich ist das Klima in einem Unternehmen ganz entscheidend davon geprägt, ob eine Führungskraft den Mitarbeitern mit Wohlwollen begegnet, sie als Menschen mag. Dann werden sie auch viel lieber arbeiten. Nächstenliebe gilt aber auch für alle übrigen untereinander. Wenn ich mir jeden Tag sage: Das sind meine Kollegen. Ich mag sie. Ich versuche, sie anzunehmen, ihnen mit Wohlwollen zu begegnen, dann wird die Nächstenliebe ein Klima erzeugen, das mir selbst guttut und in dem die anderen gerne arbeiten. Wir dürfen »Liebe« hier nicht zu eng deuten. Es meint einfach die Verbundenheit der Menschen untereinander. Ich arbeite nicht einfach neben den anderen, sondern mit ihnen. Dort, wo sich alle miteinander verbunden fühlen, sind sie kreativer, kommen neue Ideen auf.

Versuche einmal eine Woche lang, deinen Mitmenschen bei der Arbeit mit der Haltung gegenüberzutreten: »Das sind meine Kollegen. Ich mag sie. Ich versuche, sie anzunehmen, ihnen mit Wohlwollen zu begegnen.«

Spürst du, dass sich in dir etwas verändert – in deiner Haltung, deiner Stimmung?

Hast du das Gefühl, dass sich dadurch am Klima um dich herum etwas ändert? Begegnen dir vielleicht die anderen Menschen auch anders?

Wo Nächstenliebe so konkret gelebt wird, wie es Jesus beispielsweise in der Geschichte vom barmherzigen Samariter erzählt, fühlen sich die Menschen nicht alleingelassen. Sie fühlen sich gestützt von den anderen. Das erzeugt ein Klima des Vertrauens. Es nimmt uns die Angst, dass wir auch einmal sozusagen unter die Räuber fallen könnten, zum Beispiel, wenn wir von einer Krankheit heimgesucht und dann fallengelassen werden, weil man uns nicht mehr braucht. Die praktizierte Nächstenliebe schafft Solidarität und ein gutes Betriebsklima, das sowohl für das Unternehmen als auch für die Mitarbeiter auf Dauer Segen bringt.

Das Wesen der Barmherzigkeit ist, dass sie nicht bewertet und beurteilt. Ich soll zuerst barmherzig mit mir selbst umgehen, sodass ich mich nicht ständig kleinmache oder verurteile. Dann werde ich auch barmherzig mit den Kollegen umgehen. Es braucht eine herzliche Atmosphäre, um gut arbeiten zu können. Wenn die Herzen der Mitarbeiter füreinander offen sind, dann entsteht eine innere Verbundenheit. Und die Verbundenheit fördert die Lust an der Arbeit. Sie ist die Bedingung, dass alle gerne miteinander arbeiten.

Loslassen

Viele können während der Zeit ihrer Berufstätigkeit die Arbeit kaum loslassen, weil sie sich darüber definieren. Wenn sie abends nach Hause kommen, kreisen ihre Gedanken immer noch um die Arbeit. Denn sie macht ihr Leben aus. Sie vernachlässigen sich selbst und ihre Familie. Für diese Menschen ist es sehr schwer, wenn sie die Arbeit verlieren oder die Pensionierung ansteht, weil sie dann spüren, wie sehr die Arbeit und die Rolle, die sie gespielt haben, ihr Leben dominiert, ihren Wert ausgemacht hat. Sie wurden gebraucht. Sie waren wichtig. Es kommt also darauf an, herauszufinden, wer ich als Person bin.

Worüber möchte ich mich definieren?

Und was heißt das: die Arbeit loslassen – auch in den Zeiten, in denen ich noch jeden Tag arbeite?

Überlege einmal: Wer bist du –
jenseits von deiner Arbeit,
einfach nur als Mensch.
Was macht dich aus?

Die Bibel zeigt uns mit der Geschichte vom Auszug Abrahams aus seiner Heimat ein schönes Beispiel des Loslassens (Genesis 12,1ff). Die Mönche haben diesen Auszug dreifach verstanden.
Erstens: Er soll ausziehen aus allen Abhängigkeiten und Bindungen, aus allen Gewohnheiten. Die Arbeitssituation wird für uns im Lauf der Jahre zur Gewohnheit. Wir fühlen uns darin geborgen und daheim.
Der zweite Auszug ist der Auszug aus den Gefühlen der Vergangenheit. Es gibt Menschen, die immer nur von dem erzählen, was sie geleistet haben oder von den Verletzungen, die sie in der Kindheit oder in der Zeit ihrer Berufstätigkeit erlitten haben. Wir dürfen uns durchaus dankbar erinnern an das, was wir bei der Arbeit geschaffen haben. Aber wir sollen uns nicht an diesen Gefühlen aus der Vergangenheit festhalten.
Der dritte Auszug meint das Ausziehen aus dem Sichtbaren. Die Arbeitswelt ist konkret. Da können wir etwas vorweisen. Jetzt sollen wir ausziehen auf etwas hin, das unsichtbar ist. Carl Gustav Jung meint, nur der bleibe lebendig, der offen sei für das Transzendente, für das, was wir nicht machen, herstellen oder organisieren können.

Was könnte dieser dreifache Auszug für dich bedeuten?

Der Auszug aus allen Gewohnheiten, Abhängigkeiten und Bindungen:

Der Auszug aus der Vergangenheit, aus »alten« Gefühlen:

Der Auszug aus dem Sichtbaren:

Die Bibel zeigt uns also mit dem Auszug Abrahams, wie auch für uns das Loslassen gelingen kann. Es ist letztlich eine spirituelle Herausforderung. Ich lasse los, was mit mir gleichsam zusammengewachsen ist, was mich ausmacht. Ich lasse meine Rollen los. Ich lasse los, woran ich mich festhalte und woher ich mich definiere. Und ich mache mich auf den Weg zu meinem wahren Selbst, zum innersten Geheimnis meiner Person, um von Neuem zu suchen. Das wird meine Lebensaufgabe: ein suchender und ein fragender Mensch zu sein. Das hält mich lebendig. Ich bin neugierig, alles zu hinterfragen und immer mehr hinter die Kulisse zu schauen – auch hinter meine eigene.

IDEEN FÜR DEN ALLTAG

Rituale

Ein guter Weg des Innehaltens sind Rituale: kleine, sich wiederholende Tätigkeiten, die zur Gewohnheit werden können. Rituale schaffen eine heilige Zeit. Und diese heilige Zeit verwandelt auch die übrige Zeit. Rituale unterbrechen die Arbeit und lassen mitten im Arbeitsalltag etwas aufscheinen von Sinn, von Transzendenz, von Liebe und Achtung.

Übung

Rituale sind Übungen. Ich mache am Morgen folgende Übung: Ich stelle mich hin, erhebe meine Hände zum Segen und lasse den Segen zu den Menschen strömen, mit denen und für die ich an diesem Tag arbeiten werde. Ich mache es mir zur Gewohnheit, vor jeder Besprechung kurz innezuhalten und Gott um den Segen für das Treffen zu bitten.
Vielleicht hast du Lust, diese Übung einmal selbst auszuprobieren. Am besten funktioniert sie nach dem Aufstehen, vielleicht am offenen Fenster, aber auch unter der Dusche. Jedenfalls bevor du in die erste Begegnung des Tages mit anderen Menschen gehst. Sie hilft dabei, die eigene Grundstimmung für den Tag zu legen – mit Segensworten im Herz und im Kopf begegnet man sich selbst und anderen fröhlicher, aufgeschlossener, milder.

Wenn du magst, kannst du hier dein Segensgebet aufschreiben oder die Erfahrungen, die du mit der Übung gemacht hast:

Übung

Ähnlich wie die Übung zum Feierabend (siehe oben) kannst du dir zum Arbeitsstart ein kleines Ritual überlegen, das dich noch einmal innehalten lässt, bevor du loslegst. Eine Idee wäre, einen Text, der dir wichtig ist, ein Gebet, eine Weisheitsgeschichte, eine Botschaft an dich selbst als Startbild auf dem Computer einzurichten. Ehe du nun mit der ersten Mail, dem ersten Punkt auf der To-do-Liste beginnst, halte kurz inne, meditiere den Text, lass ihn in deinem Herzen ankommen. Auch das hilft, aus einem trüben oder mürrischen oder einem Morgen voller Hektik einen guten Start zu machen.
Eine andere Idee: Bevor du deine Tätigkeit beginnst, mach dir einen Tee oder einen Kaffee oder etwas anderes, das du magst, und nimm dir zwei Minuten Zeit, dort anzukommen, wo du bist. Nimm die Menschen um dich herum wahr, den Raum, in dem du dich aufhältst, vielleicht auch das Wetter oder die Jahreszeit.
Wenn du spürst, dass du jetzt »anwesend« bist, leg mit deiner Arbeit los.

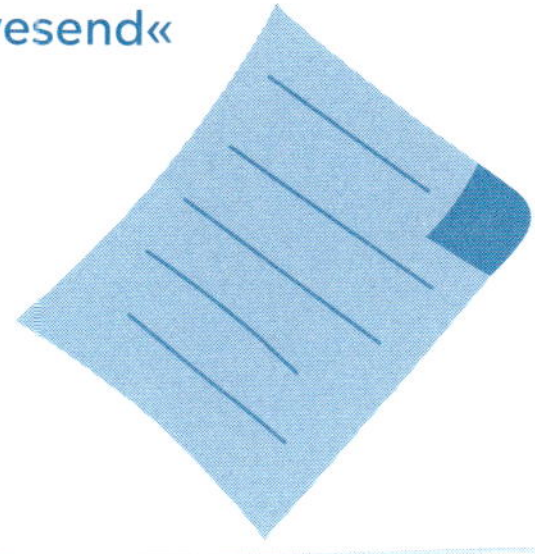

Übung

Wir sind aber nicht alle »frühe Vögel«, manchen fällt der Start in den Tag schon schwer genug und sie sind dann einfach gar nicht aufnahmefähig für ein Ritual. Grundsätzlich ist ein solches aber auch nicht an eine Uhr- oder Tageszeit gekoppelt. Es kann also auch der Spaziergang in der Mittagspause sein, bei dem ich wieder bei mir ankomme, tief durchatme und für eine kurze Weile die Arbeit vergesse, den Kopf durchlüfte. Oder ein bewusstes Innehalten nach der Mittagspause, um in die zweite Hälfte des Arbeitstags zu starten. Es kann die Tasse Kaffee am Nachmittag mit oder ohne Plätzchen oder Schokolade sein, bei der ich mir ganz bewusst Zeit nehme, nichts anderes zu tun, als das und den Moment zu genießen.

Wichtig ist eigentlich nur, dass ich das Gefühl habe: Das tut mir jetzt gut. Ich kann durchatmen. Ich gehe mit meiner Arbeit um und lasse mich nicht von ihr durch den Tag peitschen. Ich komme im Hier und Jetzt an.

Vielleicht klappt es nicht, das Ritual in jedem Tag unterzubringen. Aber ich sollte versuchen, dabei so wenige Ausnahmen wie möglich zu machen.

Vielleicht hast du aber auch ganz andere und ganz eigene Ideen, wie ein Ritual aussehen könnte, das zu dir passt und dir guttut. Hier ist Platz, um deine Idee zu notieren:

Pausen

Benedikt sorgt dafür, dass die Mönche bei aller Arbeit immer auch Zeiten der Ruhe finden. Er reserviert sieben Zeiten am Tag für das gemeinsame Gebet. Das Beten unterbricht die Arbeit und lässt den Mönch vor Gott zur Ruhe kommen. Benedikt kennt aber nicht nur das gemeinsame Gebet, das innerhalb des Tages immer wieder Ruhepausen vermittelt. Er lädt die Mönche auch zum persönlichen Gebet ein. Dabei versteht er Gebet nicht als Leistung, sondern als den Ort, an dem der Mönch vor Gott sich selbst begegnet. Diese ehrliche Selbstbegegnung verschafft mir wirklich Ruhe. Und aus dieser inneren Ruhe heraus kann ich dann anders arbeiten.

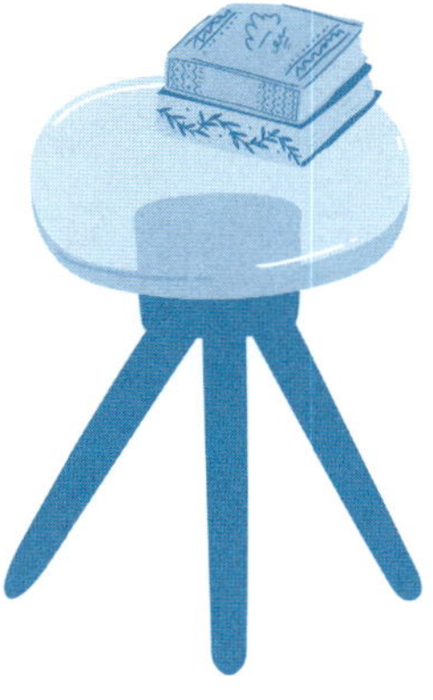

Es muss kein Gebet sein, das den Tag immer wieder unterbricht. Und vielleicht sind sieben Mal auch schwer im Arbeitsalltag unterzubringen. Aber sich immer wieder Pausen zu nehmen, tatsächlich die Arbeit zu unterbrechen, ist wichtig, um sich selbst zu begegnen, sich also nicht völlig in der Arbeit zu verlieren oder von ihr auffressen zu lassen. So kann es gelingen, die Balance zwischen Arbeit und »Gebet« zu halten – und Gebet kann man hier wie oben schon gesagt als Zeit zum Innehalten verstehen, in der ich zur Ruhe komme, die Arbeit unterbreche, um ganz bei mir zu sein, mich zurückzuziehen in den inneren Raum der Stille. Pausen halten uns nicht von der Arbeit ab, sondern befähigen uns, mitten in einer lärmenden und hektischen Atmosphäre die innere Ruhe zu bewahren.

Übung

Eine Idee dazu ist dem Alltag der Mönche entlehnt. Sie nutzen für die sieben Gebetszeiten, die sich über den Tag verteilen, das sogenannte Brevier. Es enthält alle Texte und Gesänge, die dabei gelesen und gesungen werden.
Diese Texte sind heute den meisten Menschen ziemlich fremd. Und der eine oder andere würde sich auch mit Gebeten schwertun. Dennoch ist die Idee hinter dem Brevier auch für »Nicht-Mönche« eine gute Möglichkeit, die Arbeit immer wieder mit einem besonderen Text, einer Weisheit, einer Geschichte zu unterbrechen und so mit der Quelle auf dem Grund unserer Seele in Berührung zu kommen.
Stell dir dein eigenes Brevier zusammen! Das ist ganz einfach: Leg dir ein leeres Notizbuch zu, das gut in deine Tasche passt und dir vom Design gefällt. Schreibe Zitate, Weisheitstexte, Bibelverse, Geschichten, Impulse, was auch immer dir an Texten wichtig ist, hinein. Du kannst auch Fundstücke, die du ausgeschnitten hast, einkleben, kleine Erinnerungen hineinlegen oder ebenfalls einkleben. Das Buch muss nicht »fertig« sein, du kannst es immer weiter ausfüllen, sobald dir Neues in die Hände fällt, das deiner Ansicht nach in dieses Buch passt.

Übung

Dann such dir zwei Zeiten am Tag aus (gerne auch mehr, wenn du das integrieren kannst und dir dann nicht zur Last wird, statt dir gutzutun) und schlag dein Brevier an einer beliebigen Stelle auf. Schau, was der Zufall dir in diesem Moment für einen Text oder für eine Erinnerung schenkt, und nimm dir fünf Minuten Zeit, darüber nachzudenken oder es einfach nur in der Stille auf dich wirken zu lassen.
Wenn du magst, leg dir ein zweites Notizbuch zu, in dem du deine Gedanken kurz niederschreiben kannst. So entsteht mit der Zeit eine Schatzkiste, die du zu bestimmten Zeiten am Tag öffnen kannst, um kurz wieder bei dir, in deinem Inneren, an deiner Quelle anzukommen.

Was können wir tun, um ein inneres Gleichgewicht zwischen Arbeit, Familie und privatem Lebensraum zu finden? Ein wichtiger Weg ist für mich, auf meine Seele, mein Herz und meine Gefühle zu hören. Wenn mir meine Seele den Eindruck von Leere widerspiegelt, dann ist das ein Alarmzeichen, dass ich kurz davor bin, meine Seele zu verlieren. Dann ist es wichtig, die Signale der Seele zu beachten.

Was will sie mir sagen?

Was möchte sie gerne?

Wozu drängt sie mich?

Oft weiß die Seele ganz genau, was ihr guttut.

Tipps

Gerade dann, wenn man das Gefühl hat, keine Zeit zu haben, weil so viel an Arbeit vor einem liegt, sind Pausen wichtig. Sie helfen, Abstand zur Arbeit zu bekommen. Dann gelingt es anschließend auch, noch einmal neue Prioritäten zu setzen oder zu sehen, dass etwas gar nicht so eilig ist, wie es scheint. Pausen muss man sich aber aktiv einplanen – und sich dann auch daran halten. Wenn dir das schwerfällt, hol dir Unterstützung:

- **Verabrede dich** mit einer Kollegin, einem Kollegen zum Mittagessen oder zum Spaziergang in der Mittagspause oder zur Kaffeepause am Nachmittag. Das Gespräch mit anderen Menschen bringt dich noch schneller auf andere Gedanken.
- **Mach dir einen Termin mit dir selbst**, in deinem Kalender oder am Handy, auf jeden Fall so, dass du daran erinnert wirst und die Zeit nicht einfach verstreicht.
- **Entwickle eine »Pausenroutine«**, die dir guttut – und die dann auch nur wirklich selten Ausnahmen kennt. Das heißt: Nimm dir immer zur gleichen Zeit eine Pause von immer gleicher Länge. Mit der Zeit schleift sich diese Unterbrechung in deine Tagesstruktur ein und du musst nicht mehr aktiv daran denken, Pause zu machen.
- **Gönn dir etwas in der Pause:** eine Tasse heiße Schokolade, einen Spaziergang, eine Dehnübung, Hände eincremen, Fenster öffnen und durchatmen, ein Plätzchen, eine Möhre ... was immer du magst. Das hilft, die Pause nicht als lästige Unterbrechung, sondern als schöne Aussicht in deinem Alltag zu empfinden.

In der Benediktsregel heißt es: »Hört man das Zeichen zum Gottesdienst, lege man sofort alles aus der Hand und komme in größter Eile herbei« (Regel Benedikts 43,1). Und das machen wir heute tatsächlich auch so: Egal, in welcher Arbeit wir stecken, wie wichtig es uns scheint, etwas »gerade noch fertig« zu machen: Wenn die Glocke zum Gottesdienst läutet, lassen wir sozusagen alles stehen und liegen und machen uns auf den Weg zum Gebet. Auch das hilft dabei, die Balance zwischen Arbeit und Bei-sich-selbst-Ankommen nicht zu verlieren, denn es macht deutlich: Die Pause ist genauso wichtig wie die Arbeit. Die Arbeit hat nicht immer Priorität vor allem anderen. Das, was ich für andere tue, ist nicht wichtiger als das, was ich in der Unterbrechung, in der Pause für mich tue.

Versuche einmal, das in deinem Arbeitsalltag umzusetzen und die Pausen so wichtig zu nehmen wie die Arbeit. Es kann sein, dass die Menschen in deinem Umfeld das als »spießig« ansehen, wenn du dich so strikt daran hältst, aber spüre einmal dabei dem Gedanken nach, dass du dich selbst wichtig nimmst – mindestens so wichtig wie die Arbeit.

Hier ist Platz, um deine Gedanken oder Erfahrungen damit aufzuschreiben:

Pausen zu machen bedeutet aber nicht nur, deinen Arbeitsalltag immer wieder zu unterbrechen. Es kann auch bedeuten, dir selbst einmal eine Pause zu gönnen – nach der Arbeit. Denn häufig endet unser Tagesplan nicht mit der Arbeit, sondern setzt sich danach in weiteren Terminen fort: dem Besuch im Fitnessstudio oder der Verabredung zum Tennis, dem Kelleraufräumen oder Fensterputzen, das schon so lange ansteht, dem Abendprogramm mit den Kindern, der Wäsche, Abendessen kochen …
Manches davon wirst du vielleicht nicht als »Termin« verstehen oder als Arbeit. Aber es gibt immer wieder Zeiten, in denen uns das viele, was auch nach der Arbeit noch zu erledigen ist, wie eine Pflicht erscheint, die manchmal nur schwer zu ertragen ist. Auch dann können Pausen und kleine Auszeiten helfen, wieder bei sich anzukommen, sich nicht von den Pflichten auffressen zu lassen.

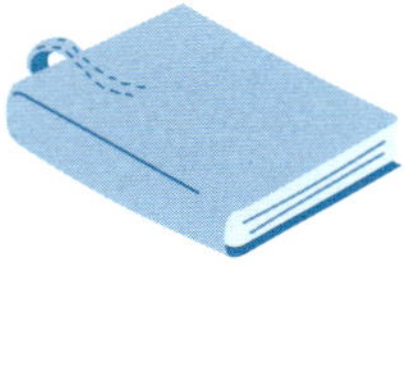

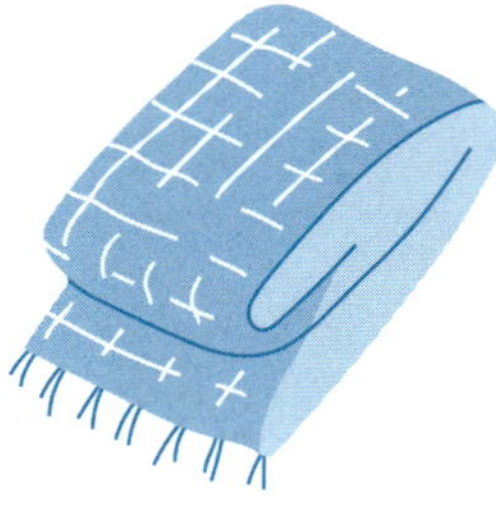

Spüre in dich hinein, was dir wirklich guttun würde. Wenn du merkst, dass dir so gar nicht nach Sport ist, sondern dein Körper einfach ein Ausruhen braucht, gönn dir einen Abend auf der Couch, ein Bad, ein Bier mit Freunden oder ein gutes Essen, früh schlafen zu gehen …

Gib dir selbst mal frei! Die Fenster kannst du auch an einem anderen Tag putzen und der Keller läuft auch nicht weg. Gönn dir wirklich freie Zeit, in der du tust, was du gerne magst.

Sei gnädig mit dir. Du musst nicht immer alles schaffen. Es macht nichts, wenn du zugibst: Das ist mir jetzt zu viel. Bei den meisten Dingen, die wir meinen, unbedingt erledigen zu müssen, sind wir selbst die Einzigen, die das von uns erwarten.

Wenn es um Dinge geht, die einfach erledigt werden müssen – das Abendessen, das Abendprogramm mit den Kindern, Hausarbeit –, dann versuche, immer mal wieder kleine Auswege zu finden: Wenn dir das Kochen zu viel ist, bestell dir etwas bei einem Bringservice oder lade deine Familie zum Essen ein; besprich mit deiner Partnerin, deinem Partner, ob ihr euch beim Abendprogramm mit den Kindern abwechseln könnt oder ob er oder sie ausnahmsweise an zwei Abenden hintereinander übernehmen kann – und du es bei Gelegenheit für den anderen dann ebenfalls übernimmst; gib die Bügelwäsche bei einem Bügelservice ab. Häufig lassen sich auch hier Lösungen finden, wenn du dem anderen gegenüber eingestehst: »Ich kann gerade nicht mehr, bitte hilf mir, eine Lösung zu finden.«

Vielleicht hast du auch ganz eigene Ideen, wenn du dir erlaubst, dass du nicht funktionieren musst, sondern eine Pause brauchst?

Pläne machen – und umsetzen

Pläne und Listen können eine wichtige und gute Hilfe sein, um den Alltag zu strukturieren und das Gleichgewicht zwischen arbeiten und leben zu halten. Sie helfen dir, Pausen tatsächlich einzuhalten und Prioritäten zu setzen, was wann dran ist und erledigt werden muss. Allerdings hilft der beste Plan nichts, wenn man sich nicht daran hält. Der Grund, warum so vieles ungetan bleibt, ist häufig, dass schon die Pläne nicht wirklich realistisch sind. Eigentlich weiß man also ziemlich genau, dass diese Arbeit in der angedachten Zeit nicht zu erledigen ist. Aber man trägt es so ein, weil sie dann fertig sein soll oder muss. Oder weil man es sich so wünscht. Das gilt auch für die Pläne unseres Alltags, in die wir zu viel packen. Häufig ist daher das Einzige, was solche Pläne bewirken, Frustration. Eben weil wir sie niemals umsetzen und uns dann selbst beschimpfen, dass wir es nicht geschafft haben. Realistische Pläne zu machen, erfordert zunächst etwas Übung – sowohl in der Selbsteinschätzung als auch in der Umsetzung. Und beim Einüben ist es sehr hilfreich, gnädig mit sich selbst zu sein, wenn es nicht gleich beim ersten Mal klappt.

Tipps

Wenn du beim Plänemachen ein paar Dinge beachtest, ist es deutlich wahrscheinlicher, dass du deine Ziele auch erreichen kannst.

Nicht dem Pippi-Langstrumpf-Syndrom verfallen: »Ich mach mir die Welt, wie sie mir gefällt.« Das meint: Wenn du gerne wieder Sport machen würdest, trag nicht gleich drei Einheiten pro Woche ein, nur weil das dein Ziel ist. Pläne sind keine Wunschlisten, sondern Hilfestellungen für den Ist-Zustand. Nimm dir eine Einheit vor, und wenn das gut klappt und du es über einige Wochen durchhältst, kannst du das immer noch steigern.

Die Stoppuhr benutzen: Schau einfach immer wieder mal auf die Uhr, wenn du etwas erledigst, ob Einkaufen, die Wohnung Saubermachen oder eine Routineaufgabe am Arbeitsplatz. So entwickelst du ein realistisches Gefühl dafür, wie viel Zeit du für was brauchst, und kannst dann auch die echte und nicht die gewünschte Zeit in deinem Plan dafür eintragen.

Luft lassen: Strick dir deinen Plan nicht von vornherein so, dass du ihn nur dann einhalten kannst, wenn du dich beeilst und nichts Unvorhergesehenes passiert. Lass dir Luft zum Atmen, lass Raum für Pausen, nimm nicht immer Bestzeit bei allen Erledigungen an, sondern lass so viel Raum, dass auch noch ein Plausch mit der Nachbarin drin ist oder ein Kaffee in der Sonne, ohne dass gleich alles aus den Fugen gerät.

»Leere Zeiten« mit einplanen: Lass dir Raum für unverplante Zeit, in der du spontan entscheiden kannst, worauf du gerade Lust hast, was gerade für dich dran ist. Und wenn du diese Zeit dann gar nicht brauchst oder einfach bei der Arbeit im Flow bist – mit etwas schneller fertig zu sein, bringt einen Plan nicht zum Scheitern!

WOCHENPLAN

Tag	Uhrzeit	Termin

Diese Pläne kannst du sowohl für deine Arbeit als auch für deine Tagesplanung nutzen – auch als Kopiervorlage zum Vergrößern oder als Inspiration für einen eigenen Plan, der noch mehr auf deine Bedürfnisse abgestimmt ist.

Aufgabe	Mit wem

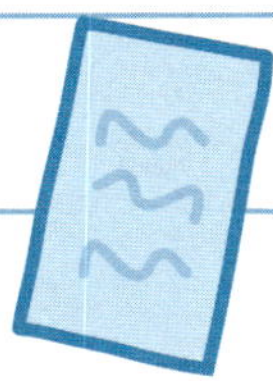

TO-DO-LISTE

Erledigen	Telefonate	Mails

	Termine	Privates

Grenzen ziehen/Räume schaffen

Pausen und Pläne helfen, dass das eigene Leben nicht nur aus Arbeit besteht bzw. die Arbeit nicht das Steuer übernimmt, sondern dass wir Kapitäne unseres Lebens bleiben. Dazu ist es aber immer wieder nötig, Grenzen zu setzen, die die Arbeit nicht überschreiten darf, oder Räume zu schaffen, zu denen sie keinen Zutritt hat. Neben Pausen sind das »Tabuzeiten«, die für die Familie und für die eigenen Bedürfnisse reserviert sind. Es sind geschützte Zeiten, heilige Zeiten, in die niemand einbrechen darf, vor allem nicht die beruflichen Erwartungen und Verpflichtungen. Diese heilige Zeit verwandelt auch die übrige Zeit, weil ich mich dann ganz auf die Arbeit einlassen kann, ohne Angst zu haben, dass sie mich auffrisst oder total bestimmt.

Es ist aber auch eine Frage der inneren Haltung, überhaupt einzusehen, dass solche heiligen Zeiten wichtig sind. Diese Haltung wird für mich ausgedrückt in dem Wort Jesu: »Was nützt es einem Menschen, wenn er die ganze Welt gewinnt, dabei aber sein Leben einbüßt? Um welchen Preis kann ein Mensch sein Leben zurückkaufen?« (Matthäus 16,26).

Kennst du solche »heiligen Zeiten«, die du dir von nichts und niemandem nehmen lässt? Wenn ja: Worin bestehen sie?

Wenn nein: Was ist dir »heilig«? Welches Tun, welches Erleben verbindet dich mit deiner inneren Quelle? Könntest du dir vorstellen, auf dieser Grundlage solche Zeiten in deinem Alltag einzurichten?

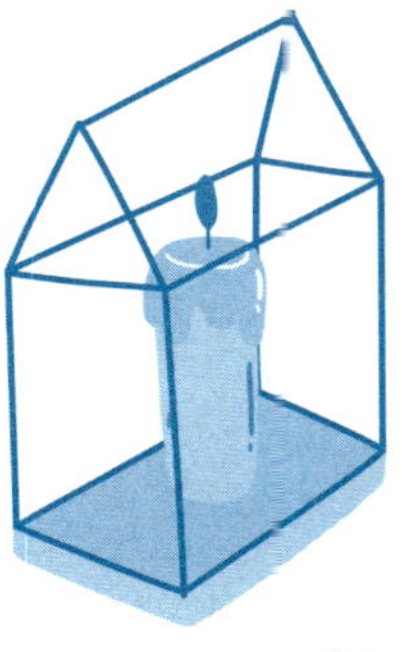

Die verschiedenen Bereiche unseres Lebens sollen so miteinander verbunden werden, dass das Leben in Fluss kommt. Jeder soll sein eigenes Maß erkennen, wie viel er arbeiten kann, damit sein Leben im Fluss bleibt. Dabei kommt es nicht nur auf das äußere Maß an Zeit an, sondern auch auf das innere Maß: Welchen Stellenwert hat für mich die Arbeit? Mit welcher inneren Einstellung arbeite ich? Ich werde nur dann eine Balance zwischen der Arbeit und den anderen Bereichen meines Lebens finden, wenn alles aus einer inneren Quelle fließt, aus der Quelle auf dem Grund meiner Seele. Es geht dann nicht mehr nur um äußere Festlegungen der Zeiten für Arbeit, Familie und Zeit für mich selbst, sondern auch um eine innere Verbindung. Dann stören sich die Pole nicht, sondern sie ergänzen sich gegenseitig.

Welchen Stellenwert hat die Arbeit für dich? Mit welcher Einstellung gehst du an die Arbeit?

Spürst du eine innere Verbindung zwischen den beiden Polen in deinem Leben? Ergänzen sie sich oder stoßen sie sich im Moment eher ab?

Wenn sie sich abstoßen: Was müsste passieren, um das zu ändern?

Höre einmal in dich und überlege dir, was deiner Seele guttun würde. Hier ist Platz, um es aufzuschreiben:

Was müsstest du tun, um deiner Seele mehr Gehör in deinem Leben zu verschaffen?

Sorgfältig mit den Dingen umgehen

In seiner Ordensregel schreibt Benedikt: »Alle Geräte und den ganzen Besitz des Klosters betrachte er als heiliges Altargerät« (Regel Benedikts 31,10). Das bezieht sich hier auf den Cellerar, den wirtschaftlichen Leiter des Klosters. Aber ich finde, es ist eine gute Haltung, die sich auf jeden Menschen übertragen lässt.

Für uns heute gedeutet könnte das bedeuten, dass wir die Dinge, mit denen wir täglich umgehen, nicht für selbstverständlich nehmen. Zum Beispiel, dass wir Arbeit haben, ein Dach über dem Kopf, Geld, um uns etwas zu essen oder Bücher oder eine Kinokarte zu kaufen. Aber auch das Büromaterial, den Computer, der uns vom Arbeitgeber gestellt wird, das Arbeitsgerät, mit dem wir unseren Lebensunterhalt verdienen können. Und nicht zuletzt unseren Körper, der all das erst möglich macht.

So vieles nehmen wir in unserer Alltagsroutine gar nicht mehr wahr, weil es einfach jeden Tag da ist. Alles wieder »wie heiliges Altargerät« zu betrachten und zu behandeln, lässt uns wieder Wertschätzung für die Dinge und die Menschen um uns herum spüren, die wir vielleicht übersehen oder mit Verachtung gestraft haben.

Wenn du an deinen Arbeitsplatz kommst, nimm einmal ganz bewusst wahr, mit welchen Dingen du jeden Tag umgehst. Überlege, was davon für dich einen ganz besonderen Wert hat, auf was du nicht verzichten könntest oder wolltest, und schreib es hier auf.

Überlege dir, wie du es auf besondere Weise würdigen kannst.

Nimm auch die Menschen wahr, mit denen du jeden Tag zu tun hast, die wie du ihre Arbeit machen. Vielleicht hast du heute ein besonders freundliches Wort für sie oder fragst sie etwas Persönliches, bringst sie zum Lachen oder stärkst ihnen den Rücken.

Hier ist Platz, um deine Erfahrungen aufzuschreiben:

Allen Besitz und alles Gerät wie »heiliges Altargerät« zu behandeln, kann aber auch heißen, die eigene Arbeit, die Kolleginnen und Kollegen und das Unternehmen, in dem ich arbeite, nicht geringschätzig zu behandeln oder schlecht darüber zu reden oder zu denken.
Das heißt nicht, dass ich alles durch eine rosa Brille sehen muss und Missstände und Schwierigkeiten leugne oder unter den Tisch kehre. Aber oft lässt man sich unter Kolleginnen und Kollegen in ein allgemeines Meckern über alles und jedes hineinziehen. Und manchmal schaut man auch auf die Menschen herab, die das Produkt, das man herstellt, tatsächlich brauchen. Alles, womit ich umgehe, als »heiliges Altargerät« zu betrachten bedeutet dann, meine Haltung zu verändern und mich beispielsweise in die Menschen, die das Produkt meiner Arbeit kaufen, hineinzuversetzen. Mich darüber zu freuen, dass es ihr Leben ein Stück besser macht. Oder sich nicht dem Meckern anzuschließen, sondern mir Lösungen für tatsächliche Missstände zu überlegen und auch auf das hinzuweisen, was im Unternehmen gut läuft und funktioniert.

Kennst du dieses Gefühl, deine Arbeit so zu betrachten? Hier einige Fragen, die dir helfen können, deine Haltung zu verändern.

Wer ist der Adressat deiner Arbeit? Bei welchem Problem hilft das, was du tust, anderen Menschen? Wo macht es ihr Leben ein Stück besser?

Was sind wirkliche Missstände und Schwierigkeiten im Unternehmen, in deinem jetzigen Arbeitsleben?

Was könntest du tun, um das zu verändern? Wen könntest du dazu ansprechen, wo, in welchem Gremium könntest du darauf aufmerksam machen?

Wärst du bereit, dich für die Veränderung einzusetzen, Verantwortung zu übernehmen?

In seiner Regel spricht Benedikt vom »Laster des Murrens« (Regel Benedikts 34,6). »Murren« meint hier, dass die Mönche sich hinter dem Rücken des Abtes über alles im Kloster beschweren, aber selbst nie den Mut haben, das vor der Gemeinschaft anzusprechen. Oft geht es dabei auch nicht um Missstände, sondern um eine Unzufriedenheit, die gar nicht unbedingt etwas mit den realen Umständen zu tun hat, sondern in den Mönchen selbst liegt und nach und nach die Gemeinschaft vergiftet.
Das gilt sicher nicht nur für die Mönche. Viele kennen die Erfahrung: Das Meckern und Murren bringt einen irgendwann in eine Negativspirale, man kann plötzlich alles schlecht und schlimm finden. Letztlich vergällt es einem die Arbeit. Häufig lässt man sich aber von diesem Murren anstecken und merkt erst zu spät, dass dies der Grund ist, weshalb man die Lust an der Arbeit verloren hat.

Versuche, so etwas wie ein Frühwarnsystem gegen das Murren in dir zu installieren. Dazu kann es helfen, sich einen »Schutzschild« zuzulegen, auf dem du all das notierst, was dir Freude an deiner Arbeit macht, was du gut findest im Unternehmen, im Kollegium, an dem, was deine Arbeit bewirkt.

Schreib es hier auf, dann kopiere die Seite oder gestalte dir noch einmal ein Extrablatt für deinen Arbeitsplatz, das du dir gut sichtbar aufhängst und auf das dein Blick immer wieder fällt. Wenn du spürst, dass dich beim Arbeiten immer wieder negative Gedanken beschäftigen, schau auf diese Liste. Und dann entscheide, ob sich deine Arbeit tatsächlich zum Negativen verändert hat oder ob du dich mit Murren »angesteckt« hast.

MEIN SCHUTZSCHILD

Loslassen

In eine echte Balance finden wir nur, wenn wir das Loslassen lernen. Das meint: sich nicht mehr über die Arbeit zu definieren, sondern als dieser Mann oder diese Frau zu leben, als dieser einmalige Mensch, der ich bin. Aber auch zu verstehen: Ich habe Arbeit, aber ich bin nicht meine Arbeit. Es gilt dann nicht mehr, was ich geleistet habe, sondern wer ich bin. Es geht nicht mehr um das Tun, sondern um das Sein. Es geht darum, immer mehr dieser einmalige Mensch zu sein, als den Gott mich geschaffen hat, und meine persönliche Spur in diese Welt einzugraben.

Loslassen hat viele Aspekte. Einer davon ist die Freiheit. Jesus spricht in den Seligpreisungen von der »Armut im Geiste«. Das meint die innere Freiheit. Sie gilt nicht nur für den Umgang mit Geld, sondern auch mit der Arbeit. Ich lasse mich ganz auf die Arbeit ein. Aber ich hänge nicht an ihr. Ich bleibe beweglich.

Dieser Freiheit kannst du mit ein paar Gedankenspielen auf die Spur kommen:

Was würde mit dir passieren, wenn du deinen jetzigen Job kündigen oder verlieren würdest? Würde das etwas an dir als Person ändern? Was würde es mit dir machen?

Was würde im Unternehmen, an deiner Arbeitsstelle passieren, wenn du deinen Job kündigst oder verlierst? Was würde sich ändern, was würde bleiben, wie es ist?

Wenn du die Wahl hättest, zu bleiben oder noch einmal etwas ganz Neues anzufangen, wie würdest du entscheiden?

Wenn du etwas Neues wählen könntest, was wäre das?

Was hindert dich daran, genau das zu tun?

Ein anderer Aspekt des Loslassens ist die Gelassenheit. Gerade der Berufsalltag bietet immer wieder Situationen, in denen es uns schwerfällt, gelassen zu bleiben – weil wir selbst und andere Fehler machen, weil Entscheidungen getroffen werden, mit denen wir nicht einverstanden sind und auf die wir keinen Einfluss haben, weil Unvorhergesehenes passiert, das unsere Pläne durchkreuzt.
Häufig fallen wir dann emotional aus unserem Gleichgewicht und sind von Wut und Angst bestimmt. Auch hier kann es helfen, in die Tradition der Mönche zu schauen: Die Wüstenväter, die im 3. nachchristlichen Jahrhundert lebten, haben sich ausgiebig mit den Emotionen auseinandergesetzt. Einer ihrer wichtigsten Erkenntnisse war dabei: Ich habe Gefühle, aber ich bin nicht mein Gefühl. Ich habe eine Wut, aber ich bin nicht meine Wut.
Diese Einstellung ist, in die Praxis übertragen, ein guter Helfer in vielen Situationen, gerade wenn wir uns ärgern.

Tipps

Im ersten Moment kann man Wut und Zorn oft körperlich spüren. Es wird einem warm, das Herz schlägt schneller, man möchte manchmal sogar aus der Haut fahren. Dann kann es helfen, der Wut auch körperlich ein Ventil zu bieten, um sich Luft zu machen.

- **Die Mail, über die man sich geärgert hat,** auf Schmierpapier ausdrucken, zusammenknüllen und an die Wand werfen. Oder einen Papierflieger daraus basteln und durchs Zimmer segeln lassen.
- **Nach einem schwierigen Gespräch** an die frische Luft gehen, ein hohes Tempo anschlagen und sich die Wut von der Seele laufen.
- **Falls es die Möglichkeit gibt:** einen Stein aufheben und mit viel Kraft in einen Fluss oder See versenken – natürlich ohne etwas zu beschädigen oder jemanden dabei zu verletzen.
- **Im Wald oder im Auto die Wut laut herausschreien.**

Wahrscheinlich ist es jedem schon einmal passiert, dass er den Zorn doch nicht zügeln konnte und dann Dinge gesagt hat, die ihm hinterher leidtaten. Um solche Situationen zu vermeiden, kann man sich so etwas wie eherne Gesetze auferlegen, von denen man sich selbst verspricht, sie nicht zu brechen. Hier einige Ideen für »Gesetzestafeln«:

§ Wenn ich mich über den Inhalt einer Mail ärgere, werde ich nicht sofort darauf antworten. Ich kann zwar eine Mail verfassen, aber ich werde sie nicht abschicken, sondern in den Entwürfen speichern oder löschen.

§ Ich werde eine Nacht darüber schlafen. Am nächsten Tag werde ich den Mail-Entwurf noch einmal lesen. Wenn ich dann immer noch denke, dass das die angemessene Reaktion ist, schicke ich sie ab. Wenn nicht, lösche ich sie oder formuliere sie neu.

§ Das gilt auch für Gespräche. Im schlimmsten Fall sage ich, dass ich das Gespräch an dieser Stelle abbreche und am nächsten Tag fortführe, wenn ich eine Nacht darüber geschlafen habe.

§ Wenn ich über Dritte Informationen erhalte, die mich wütend machen oder verletzen, werde ich das nicht einfach als Tatsache hinnehmen, sondern der Information und dem Zusammenhang, in dem sie ausgesprochen wurde, auf den Grund gehen, indem ich sie mir aus erster Hand besorge.

§ Wenn ich einen Konflikt mit einem Menschen im beruflichen Zusammenhang habe, werde ich zuerst versuchen, diesen mit ihm selbst zu lösen, ohne Kollegen oder Vorgesetzte mit hinein oder auf meine Seite zu ziehen. Erst wenn dieser Versuch scheitert, werde ich in Ruhe überlegen, wie ich den Konflikt auf anderer Ebene lösen kann, ohne mir selbst oder dem anderen zu schaden.

Loslassen kann in diesem Zusammenhang aber auch bedeuten, sich zu überlegen, ob es in diesem Konflikt, in dieser Wut tatsächlich um den Sachverhalt geht – oder vielleicht mehr mit mir als mit dem Konflikt zu tun hat. Auch dabei können Fragen an mich selbst helfen:

Was ist es, das mich so in Zorn geraten lässt? Hat es mit der in meinen Augen falschen Entscheidung oder einem unnötigen Fehler zu tun oder fühle ich mich verletzt, in meiner Kompetenz infrage gestellt, übergangen bei einer Entscheidung?

Wenn ich über den Grund des Konflikts nachdenke: Kann es sein, dass ich hier nur Projektionsfläche für jemand anderen bin oder für das Problem eines anderen? Geht es daher hier gar nicht um mich?

Lohnt es sich für mich, diesen Kampf zu kämpfen? Ist es mir die Sache wert? Oder kann ich es ohne ein Gefühl von Resignation vielleicht einfach sein lassen, weil es eigentlich nicht so wichtig ist?

Die äußeren Rahmendaten sind für die Balance zwischen Arbeit und Leben wichtig. Noch wichtiger aber ist das Hören auf die eigene Seele, das Gespür für das, was jetzt dran ist. Nur wenn ich das erkannt habe, werde ich mir auch Zeit dafür reservieren. Bei diesem Versuch, mir Zeit zu nehmen, kann mir das Wort Jesu eine wichtige Hilfe sein: »Was nützt es einem Menschen, wenn er die ganze Welt gewinnt, dabei aber sein Leben einbüßt? Um welchen Preis kann ein Mensch sein Leben zurückkaufen?« (Matthäus 16,26). Ich sage mir das Wort Jesu einfach vor. Dann rücken sich in mir die Maßstäbe zurecht. Auf einmal werden all die Gründe, warum ich noch mehr arbeiten und noch mehr Erfolg haben muss, ihre Macht verlieren. In meinem Herzen steigt eine andere Ahnung auf: die Ahnung, dass es um das Leben geht, um die Liebe und um die Seele. Die Seele darf nicht beschnitten werden, sie will frei fliegen, sie will atmen und mich in allem, was ich tue, beflügeln.

1. Auflage 2021

Lektorat: Marlene Fritsch
Gestaltung: wunderlichundweigand
Covermotiv: © maybealice; Merfin/shutterstock.com
Motive im Innenteil: © shutterstock.com
Druck und Bindung: Graspo CZ a.s., Zlín
ISBN 978-3-7365-0354-0

www.vier-tuerme-verlag.de